DE KRUISWEG VAN DE STILTE

DE KRUISWEG VAN DE STILTE

EIGEN ZIN NIG

PETER SCHMIDT
MANU VAN HECKE
HILDE MECHIELS-VAN HERP
HERMAN VAN ROMPUY
BART DEMYTTENAERE
WILLEM VERMANDERE
JAN DE COCK
TON LATHOUWERS
VEERLE DEBLAUWE
PATRICK LATEUR
SABINE ALEXANDER
HERMAN DE DIJN
PIETER OUSSOREN

Davidsfonds/Leuven

De kruisweg van de stilte. Eigen-zinnig

Blijde Inkomststraat 79, 3000 Leuven
www.davidsfondsuitgeverij.be
Ontwerp en foto's: Ro scan

D/2009/0240/12
ISBN 978-90-5826-590-6
NUR 700

INHOUD

VOORWOORD

BROEDERS
VAN WESTVLETEREN

Is de kruisweg in de abdij van Westvleteren een kunstwerk voor alle mensen van alle tijden? Bij God, het antwoord hierop weten wij niet. Wat wij wel weten is dat deze eigenzinnige kruisweg al haast dertig jaar in ons kloosterpand hangt en dat tot nog toe niemand van de broeders bij de abt is gaan vragen 'dat ding' toch maar op te stoken! Wat cultuurpausen er ook mogen van denken, het werk doorstaat de toets van elke dag. Je komt oog in oog te staan met authenticiteit zonder trucjes of gecompliceerde technieken. Een doorleefd werk. Twaalf grote schilderijen, de figuren levensgroot afgebeeld. Je kunt er zo instappen. Het zijn zeker geen '*pièces de garniture*'!

Destijds maakten wij met Armand Demeulemeester de afspraak dat hij die kruisweg zou creëren en schilderen zoals híj het wilde en het zag. Wíj kregen achteraf de tijd en de vrijheid te beslissen het werk al dan niet te nemen. En wij namen het, omdat het heel eerlijk is, ons iets wezenlijks zegt over het lijden, sterven en verrijzen van Jezus Christus en over de weg die ieder op eigen wijze in zijn leven dient te gaan.

Het geheel van twaalf schilderijen opent met 'Laatste Avondmaal'. Een schilderij imposant door zijn ingehouden kleurvoering, compositie en afmetingen. En verrassend: die gemeenschap van twaalf concrete broeders rond die stralende Heer. Wij, broeders van de abdij, kunnen ons meteen identificeren met de mensen die dit drama beleefden. Er zit onder anderen een Petrus en een Johannes en een Judas tussen. Nee, het gebeurt niet ergens veraf.

Hier al ontwikkelt zich die eigen beeldtaal van de schilder. Hij vertelt, geeft expressie aan de menselijke gevoelens van angst, verraad, vergeving en vooral van onvoorwaardelijke vriendschap en liefde. Schilderij na schilderij. Tot het allemaal eindigt in die nieuwe wereld. Ineens en voorgoed een harmonie en een ongeziene gaafheid van kleuren en vormen.

Schrik niet en ga er niet vandoor voor een man met in één arm twee ellebogen, met een scheve bobbelneus of met een kop zonder oren.

Nu de broeders tijdens de verbouwingen hun krakkemikkig klooster dienden te ontruimen, gingen ze graag in op de uitnodiging van Davidsfonds Uitgeverij om deze stille schat aan het grote publiek te tonen. Wij waren daarbij heel benieuwd naar wat anderen voelden bij het zien van deze schilderijen van *De kruisweg van de stilte.* De idee groeide dan ook om aan een aantal mensen met een heel verschillende achtergrond en leefsfeer te vragen hun inzichten en impressies neer te schrijven in een soort meditatie. Ieder kreeg zijn of haar statie toegewezen. Het resultaat krijgt u hier te lezen. Het is de bedoeling dat het u inspireert.

Bij het woord trappist wordt spontaan de associatie gemaakt met bier. En dat mag! Maar met dit boek willen wij vooral zeggen dat achter dat woord trappist eigenlijk een mens, een monnik schuilgaat. Iemand zoals u, die zoekt naar God, naar uiteindelijke waarheid.

MODERNITEIT ZONDER MODE

Armand Demeulemeester tussen figuratie en abstractie
Bedenkingen bij het ethos van een schilder

PETER
SCHMIDT

Een van de grootste motoren van de westerse kunstevolutie was en is de spanning tussen functie en vorm en bijgevolg tussen dienstbaarheid aan objectieve normen en affirmatie van de individuele vrijheid van uitdrukking. De diversiteit is in de westerse wereld steeds groter geworden, omdat de individualiteit van de kunstenaar gaandeweg het hele creatieve veld is gaan overheersen en zijn artistieke ethos ging bepalen. Zoals traditie en continuïteit hand in hand gaan, zo ook aan de andere pool diversiteit en individualisme. Zij breken voortdurend uit de stroom van traditionaliteit en herkenning, en maken de sociale functie van een kunstwerk ondergeschikt aan de originele oplossing van de plastische vormproblemen waarvoor de kunstenaar zich geplaatst ziet. Precies door het steeds dominanter worden van de individuele expressie groeide er in de laatste twee eeuwen een toenemende kloof tussen de creatieve idealen van de kunstenaars en de aansluiting met het publiek. Het individualisme van de expressie kon er in extreme gevallen zelfs toe leiden dat een kunstenaar eigenlijk enkel nog zelf zijn eigen universum kon verstaan, en niet meer in staat was om het door hem nochtans zo verlangde contact met de kijker of luisteraar te leggen.

De afwezigheid van classificatie, de individualisering van het klimaat maken het de kunstenaar vandaag niet gemakkelijker om zich in het landschap terug te vinden. Elke kunstenaar wordt op een of andere wijze geconfronteerd met de bovenvermelde spanningen. Zij confronteren hem of haar ook voortdurend met de steeds wazige relatie tussen eigentijds en modisch denken. In de mate dat een kunstenaar gevoelig reageert op de tijd waarin hij leeft – en hoe kan hij anders creatief zijn en geen nabootser? – zal hij eigentijds creëren. Of juist ook profetisch nieuwe wegen van expressie scheppen. Hij kan niet anders. Gewoon door zichzelf te zijn in een bepaalde cultuur en een bepaalde tijd zal hij scheppen in de taal van zijn tijd, ja zijn eigen aandeel bijdragen tot het vormen van die taal. Anders wordt hij epigoon of navolger, of vervalt hij in een steriel academisme dat zijn normen niet uit het actuele leven haalt, maar uit het tot canons of dogma's verstarde verleden. Zoiets verklaart natuurlijk waarom een kunstenaar vandaag niet meer kan schilderen zoals de Vlaamse primitieven of de barok – tenzij hij aan die vormtaal een nieuwe geest zou meegeven die zijn eigenheid weet te vertolken.

Helemaal anders dan eigentijds is echter het louter modische of modieuze denken. Dat vervalt op zijn manier paradoxaal genoeg in een vorm van dogmatisme over wat kan en niet kan. Het modieuze denken in de kunst laat zich leiden door het succes van de stromingen en de exposities als zodanig. Niet zelden ook gewoon door de markt. Het is als mensen die namen en etiketten drinken en geen wijn. Zij denken in termen van voorbijgestreefd of niet, en hechten positieve waarde aan wat 'in', negatieve aan wat 'achterhaald' is. Volgens het modieuze denken 'kon' Rachmaninov eigenlijk niet meer, omdat op dat ogenblik Schönberg en Bartok ook al bezig waren. Je zou de laatromantische Rachmaninov inderdaad anachronistisch kunnen noemen – maar deze muzikale taal was de zijne, niet als academische navolging of uit nostalgie of omdat het 'zo hoorde'. Zij was zijn eigenheid, ze was hemzelf, en was in hem eigentijds. Op die manier kun je immers niet bepalen wat kan en niet kan. Grote kunst is nooit voorbijgestreefd of achterhaald. Het Parthenon niet, Rubens niet en Cervantes niet. De lijn tussen eigentijds en modisch is natuurlijk nooit haarscherp te onderscheiden. Modisch werk je wanneer je een bepaalde vormtaal gebruikt omdat het die van de tijd is. Je wordt onbewust slaaf van een ideologie van het presente. Daarin ga je dan ook al snel het belang van blijvende waarden relativeren, om je als het ware van vooraf aan in te dekken tegen de dreiging van het efemere en van het verdwijnen bij gebrek aan kwaliteit. Nochtans is de tijd de enige échte rechter over de kwaliteit van kunst. 'Ik vind het zo belangrijk dat we vandaag nog naar Van Eyck, David en Chardin... kunnen kijken. Men moet allen kunnen bekijken en waarderen in hun eigenheid. Grote kunst is nooit voorbijgestreefd. De groten uit alle tijden ontroeren trouwens op dezelfde wijze, en je beschouwt ze als gelijken.'[1]

Ik schreef de bovenstaande regels als een situatieschets, vanuit de overtuiging dat geen enkele kunstenaar bij ons zich aan het spanningsveld tussen continuïteit en individualiteit, tussen functie en vorm, kan onttrekken. Hij of zij wordt erin geboren, en zal het in zijn of haar eigen zoektocht een plaats moeten proberen te geven. Armand Demeulemeester verging het niet anders. Ik wil me niet uitputten in de tamelijk nutteloze bezigheid om voor hem het gepaste etiket te zoeken waarmee men hem in de galerij kan vastkleven. Ik wil enkele aspecten aanraken die illustreren hoe ook hij met de spanningen van de moderne kunst geworsteld heeft. Meer bepaald bespeur ik bij hem voortdurend de spanning tussen consequente moderniteit en gebondenheid aan de traditie. Je kunt Armand Demeulemeester bezwaarlijk een ruitenbreker noemen. Hij heeft bijvoorbeeld weinig geëxperimenteerd met nieuwe materialen. Voor het allergrootste deel van zijn œuvre werkte hij met 'klassieke' middelen, namelijk doek, papier, olieverf en inkt. Hij bewandelde in zijn rijpste werk nog slechts zelden de weg van de zuiver abstracte kunst. Je zou hem

[1] *Deze uitspraak en de citaten die nog volgen in dit hoofdstuk, werden genoteerd tijdens gesprekken die de auteur had met de kunstenaar op 9 februari en 16 maart 2001.*

in die zin kunnen onderbrengen in een laatexpressionistische figuratieve richting. Binnen die grenzen had hij echter een zo onmiskenbaar eigen vormtaal, dat je zijn klauw onmiddellijk en van ver herkent. Hij viel buiten de modes, maar was eigentijds zichzelf, luisterend naar de rijkdom van wie hem voorafgingen en vergezelden, en hem de taal van de visuele expressie leerden. Armand Demeulemeester bezat namelijk ook een kwaliteit die bij scheppende kunstenaars niet zo frequent is: hij kon afstand nemen van zijn eigen werk om naar dat van anderen te kijken, en was een fijnzinnig en intelligent criticus.

In deze bijdrage beperk ik me bewust tot twee terreinen waarin Armand Demeulemeester zich bijzonder thuis voelde: het *landschap* waarbij ik ook het stilleven voeg en de *thematische cycli*. Beide domeinen belichamen perfect de tensie tussen werkelijkheid en abstractie, en dus tussen functie en vorm.

Armand Demeulemeester schilderde veel landschappen. Apart, maar vaak ook in reeksen. Zoals de impressionisten het deden, vertrok hij van een reëel landschap. Maar precies zoals het Corot of Cézanne fundamenteel om de compositie van het doek ging, en niet om de wedersamenstelling van een uitgesneden stuk natuur, zo was het ook met Demeulemeester. Nieuw is dit niet. Ook Bruegels en Rubens' fenomenale landschappen waren allereerst composities, net als die van Van Eyck, Patinier of Leonardo. Omdat Armand Demeulemeester echter consequent in een modern idioom dacht, is de afstand tussen het materiaal en de vorm – anders gezegd: de omvorming van de geobserveerde natuur naar het gecomponeerde doek – duidelijker. Zelf maakte ik het ooit mee tijdens een reis door de Vogezen. Ik bestuurde de wagen, Armand had zijn schetsgerei mee, Hilda waakte erover. Van tijd tot tijd vroeg Armand me te stoppen. Een bepaalde lijn, een structuur in het landschap had hem getroffen. Hij schetste het na, bij het begin meestal erg realistisch. Maar gaandeweg traden de transformaties op. Ik laat hem daarover zelf aan het woord. 'Een landschap maak je omdat je getroffen wordt door een lijn, een bepaalde ordening in het reële landschap. Dit moment van observatie vormt de aanleiding om, van daaruit vertrekkend, een ordening op een doek te construeren. Het is iets anders dan een thematiek die gebaseerd is op een verhaal uit de literatuur. Maar toch. In beide gevallen gaat het uiteindelijk om de aanleiding tot schilderen. Wanneer ik vertrek van een verhaal uit de literatuur, dan bedoel ik helemaal niet dit verhaal te illustreren. Ik zoek – of misschien beter: vind – een aanleiding om een schilderij of een reeks schilderijen te bouwen. Wat maakt dan het verschil tussen een cyclus uit de literatuur en bijvoorbeeld een tiental landschappen die je kort na elkaar schildert? De idee misschien. Maar hoe dan ook: het gaat om het schilderij. Aan de grondslag daarvan ligt enkel maar de act van het schilderen.' Vanaf de eerste schets komt het proces van compositie op gang, dat naar Demeulemeesters eigen woorden 'in feite een groeiproces is'. 'Het heeft me altijd zelf verbaasd. Je staat voor een landschap, het boeit je, je wil het vastleggen – maar terwijl ik vastleg ga ik reeds vervormen. En het vervormingsproces gaat in het atelier verder. Ik wil immers niet dat landschap weergeven maar een schilderij bouwen.'

De schilder vertolkte hiermee helemaal de houding van Matisse in zijn beruchte repliek aan een dame die betreurde dat zijn naakten te weinig realistisch waren: *'Madame, je ne peins pas des femmes, je peins des tableaux.'* Het gaat er inderdaad niet meer om dat de kijker dit precieze landschap uit Ellezelles of de Vogezen zou herkennen. De aanleiding tot schilderen is het ontdekken van een compositie in het landschap. In wezen wil de schilder immers een plastische compositie maken. In die zin is het onderwerp eigenlijk bijzaak. Demeulemeester bekeek zijn hele œuvre zelfs als één grote samenhangende cyclus, één onafgebroken zoektocht van dat ene onderwerp: het schilderij. 'Het is door dezelfde geschilderd', zei hij, 'en eigenlijk kan je in zekere zin de titels onderling verwisselen.' Onderwerp en thema van een doek zijn enkel de aanleiding. Het reële landschap is de vonk, niet het doel. In de compositie van het doek vervaagt daarom dikwijls de grens tussen figuratief en abstract. Als beginnend schilder werkte Demeulemeester vaker puur abstract. Hij ontwikkelde er zijn bijzondere gave als colorist. Na de kruisweg van Westvleteren schiep hij niet veel abstract werk meer. Soms is het evenwel moeilijk het verschil tussen figuratief en abstract te zien, omdat hijzelf die tegenstelling sinds lang overstegen heeft. Een aantal landschappen zouden probleemloos als puur abstract werk kunnen figureren, net zoals de Eerste of Derde dag uit de Genesiscyclus. Armand Demeulemeester heeft nooit een principieel belang gehecht aan 'abstract' of 'figuratief'. Het was puur in functie van de opbouw van het schilderij. 'Moest het abstract zijn, dan zo; wilde de fantasie het figuratieve, dan zo.'

In één adem met de landschappen kan ik de stillevens vermelden. Het scheppingsproces is net hetzelfde. Hier is het voorwerp op de tafel de aanleiding om een compositie te bouwen, met hetzelfde groeiproces, dezelfde vervorming, dezelfde abstractie. Ik vind geen betere vergelijking dan met de grote Giorgio Morandi, die zijn hele leven genoeg had aan een flessenrek om de prachtigste composities te bouwen. Ook hier was de observatie het vertrekpunt – maar voor welke afstand in het resultaat! Bij Armand Demeulemeester heeft het stilleven niet de bedoeling een reproductie van een bepaalde tabakspot of bloementuil te vervaardigen. Wat de kunstenaar geobserveerd heeft moet enkel een aanleiding zijn om een beklijvend visueel beeld te scheppen, een bouwwerk van vlak en kleur. Zien wordt aanleiding om te doen zien. Evenmin is zijn *Kruisweg* een illustratie bij een Bijbeltekst of *Peer Gynt* bij het toneelstuk van Ibsen.

Met dat laatste komen we terecht bij een tweede terrein: dat van de doeken die gegroeid zijn uit de Bijbel en andere literaire werken. De eerste grote cyclus die Armand Demeulemeester schilderde was zijn kruisweg voor de trappistenabdij van Westvleteren in het jaar 1978-1979. Dit moeizame scheppingsproces – het tasten is er nog merkbaar – maakte bij hem iets los, het wees hem de weg naar een middel van picturale expressie dat hem vanaf dan herhaalde malen in de greep zou hebben. 'Na Westvleteren is die Bijbel zeer sterk in mij gegroeid. Ik ging meer lezen, ik vond zoveel meer dat me diep trof.' Er zouden nog cyclussen volgen. *Het Hooglied*; *Genesis* – m.i. een absoluut hoogtepunt in zijn œuvre – *Orfeus en Eurydice*, *Peer Gynt*. Naast de cycli ontstonden ook talrijke afzonderlijke doeken waarvan men de aanleiding in de Bijbel of een ander literair werk moet zoeken. Als Bijbelse doeken vermeld ik *Een damp steeg op uit de aarde*, dat bij het pausbezoek van 1995 door de Belgische bisschoppen aan paus Johannes-Paulus II als geschenk werd aangeboden, en *Heer, wees zo goed Uw dienaar niet voorbij te gaan*, door de Sint-Baafskathedraal van Gent besteld voor het jubeljaar 2000. Maar er zijn er nog vele andere.

Ik vroeg de schilder of hij het abstraheren van een landschap tot doek op dezelfde wijze beleeft als de bewerking van een tekst tot doek. Is de relatie tussen het landschap en de picturale vormgeving op het doek niet directer dan bij een literair thema? Ben je in een literair thema niet méér gebonden? 'Ja en neen. Kies je een tekst, dan moet je je er natuurlijk min of meer aan houden; anders heeft het geen zin er een te kiezen. En ook: heb je elf staties, dan heb je nog geen kruisweg. Je moet een begonnen thema afwerken. Neem je het zevendagenverhaal uit Genesis als thema, dan moet je de zeven dagen op een of andere manier ook schilderen. Het verhaal kan dus een strakkere band omheen de creativiteit leggen. Dat zal het denkwerk prikkelen, soms bemoeilijken, maar hoeft helemaal geen hinderpaal te zijn. Ook daar moet en kan de fantasie haar vrijheid van ordening nemen. En in die zin is het proces bij een literair thema of een landschap hetzelfde: het gaat op de eerste plaats altijd om het schilderij. Het is de plastische taal die het verhaal moet vertellen.' Verhalen leggen de vrijheid eigenlijk niet aan banden. Zij bieden de fantasie integendeel juist vaak een kader om haar vrijheid in te construeren. Vrijheid is immers niet ongebondenheid of chaos, maar legt zichzelf grenzen op, dat weet elke tennisser of schaker. 'Peer Gynt trekt op avontuur, maar in z'n hoofd is het avontuur al begonnen voor hij vertrekt. En daarom sta ik daar zo vrij, ik met mijn avontuur.'

Het kan niemand die met Demeulemeesters œuvre vertrouwd is, ontgaan dat hij een aantal steeds weerkerende thema's bespeelde. Zij weerspiegelen ongetwijfeld wat er in de ziel van de kunstenaar omgaat, en dat zou hij ook nooit ontkend hebben. Waar het hart van vol is, loopt het penseel van over, zou je in zijn geval kunnen stellen. 'De verhalen die ik kies, gaan meestal over het "gaarne zien" en de pijn die dat met zich meebrengt.' De liefde en haar pijn. Zijn œuvre is er vol van. Uit zovele van zijn figuren spreken de machteloosheid en het lijden aan onbereikbaar verlangen. Van hen, van hem. De wijd gespalkte ogen, de stroeve monden – zoveel gekwetste ziel, zoveel wrangheid van leven. Het kan niet anders of de kunstenaar toonde hier, in al zijn zoeken naar compositie en vormtaal, de eigenste gekwetste kant van zijn existentie. Heel spontaan koos hij thema's over de tragiek van mislukte feesten en niet-vervulde dromen. *Feest* toont de vertwijfelde poging om onder de zotsmuts het leed even te vergeten. *Ons Valérie die in Rijsel woont* voert de weelderige prostituee ten tonele onder de beschaamde ontgoocheling van de ouders. *Maskerade*, *Parade*: de titels verbergen de ironie van het tegendeel. Vaak zijn het ook personages: *hoofd op hol, de diva, broer en zus, Madame x en madame z…* Demeulemeester bekeek ze met deernis, voelde zelf hun mislukking. De pijn om de onvolkomenheid van de mens, om de onbereikbaarheid van de droom, de nooit geleste dorst van het brandende verre verlangen.

De Bijbelse thema's liggen vaak in dezelfde lijn. Daarom heeft Armand zulke poignante, bodemloos smartelijke Christusfiguren aan het kruis geschapen. Elk lijden greep Demeulemeester in de ziel. Bijna het meest nog leed hij aan de onopgeloste vraag waarom mensen onverzoend kunnen blijven leven. Wie *David en Absalom* of *De verloren zoon* of *Jacob en Esau* ooit gezien heeft, behoeft geen enkele uitleg meer, noch over de pijn, noch over de hunker. Toch spreekt geen wanhoop uit zijn werk. Veeleer inleven, mildheid, verwondering, onmacht, verlangen… Op hem is van toepassing wat Georges Cottier over Job schreef: het lijden heeft in zijn bestaan een wonde geslagen, maar het is de wonde van de hoop. En van die wonde heeft hij aanvaard niet te genezen.

In een aantal Bijbelse taferelen vinden we de Demeulemeester van het landschap terug. Zij weerspiegelen, net als zovele landschappen, zijn sterke gevoeligheid voor het kosmische. Een aantal van zijn beste doeken ontsproten aan die ader. In Armand Demeulemeester leefde een constante verwondering en bewondering voor de grootsheid van de kosmos. Het schouwen van de kosmos vervulde hem met huiver, liefde en dankbaarheid tegelijk. Daarom trok Genesis hem zo aan. De verwondering droeg bij hem zonder twijfel een religieuze dimensie. Het is alsof twee grote themata elkaar in zijn œuvre in een dialectisch evenwicht houden. Pijn en deernis om de menselijke misère openen in zijn leven de donkere holte, de nacht waarin de kunstenaar met het zwijgen van God geconfronteerd wordt. De schrijnende vraag naar een onbegrijpelijkheid die al te vaak afwezigheid lijkt. De kosmische ervaring daarentegen verbindt hem met de psalm: 'De hemelen verhalen de glorie van God.' Kosmos is voor hem een weg naar Gods heerlijkheid – even onbegrijpelijk als Zijn zwijgen, maar van een totaal andere onbegrijpelijkheid. Demeulemeester schouwde de kosmos niet enkel als een gigantisch voorwerp. Hij vermoedde achter de immensiteit een Iemand die ons uiteindelijk als liefde nabij zal wezen. De stralende, overweldigende kleuren jubelen in zijn kosmische doeken hoop, dank en lofzang uit.

Toch blijft belangrijk, altijd weer: ook hier moet de afstand van de levenservaring naar de picturale compositie intact gehouden worden. Het geloof van de kunstenaar maakt niet de kwaliteit van het werk. Toen Armand begin de jaren tachtig zijn cyclus *Genesis* voorbereidde, en zich verdiepte in de eerste bladzijde van de Bijbel, spraken we geregeld over de tekst: zijn achtergronden, zijn geschiedenis, betekenis en bedoeling... Hier en daar kon ik de tekst wat beter belichten, maar op geen enkel ogenblik kon mijn benadering richtinggevend zijn voor de picturale vertolking. 'Mijn taak is de picturale', herhaalde Armand Demeulemeester. *Genesis* kon onmogelijk een illustratie van het Bijbelverhaal worden. Elk doek moest, zoals bij een landschap of een stilleven, een transformatie worden. De spanning tussen thema en abstractie komt in de doeken volledig aan haar trekken. *Genesis* beeldt inderdaad dingen uit die in het verhaal vermeld worden: de zee, de zon, de maan, dieren en mensen... Nergens is de uitbeelding echter illustratie, omdat de omvorming tot picturale compositie van bij het begin het proces bepaalt. 'Het programma uitbeelden is bij zo'n cyclus de echte moeilijkheid. Want je schilderij moet boven de uitbeelding uitstijgen. Het moet als *zodanig* treffen en zijn waarde behouden; niet enkel als deel van de reeks, zeker niet enkel als uitbeelding van het thema.' De achtste dag, *Het Hemelse Jeruzalem* uit de Apocalyps, is bijvoorbeeld helemaal geen stad. Het is een suggestie van de tot rust en evenwicht gekomen kosmos die op de eerste dag in kolkende lichtstoten uit het niets explodeerde.

Een polemische natuur was Armand Demeulemeester niet. Toch verdedigde hij met verve zijn schilderkunstig ideaal tegenover een aantal tendensen van nu die hij als te modisch bestempelt. De actuele kunst fascineerde hem, hij volgde er het hele levende proces van, en ontdekte er veel meesterlijke creaties in. Voor Demeulemeester was het echter duidelijk: een kunstwerk is een volwaardig kunstwerk als het de kijker, luisteraar of lezer uit zichzelf treft. Met andere woorden: de grootheid van het kunstwerk steekt in het werk – de vormperfectie van het medium zelf – niet in de aanleiding ertoe of in de uitleg achteraf. Wie het *Lam Gods* alleen maar mooi vindt omwille van de bijgeleverde catechese, heeft het werk volgens hem nooit gezien. We raken hier de zo moeilijke vraag: wat is dat, een kunstwerk 'verstaan'? Armand Demeulemeester geloofde dat het verstaan vanuit een ontroering moet komen. Maar terzelfder tijd geloofde hij dat elk kunstwerk voortkomt uit een denkproces. De grens tussen gevoelswereld en denken is delicaat, maar beide sluiten elkaar geenszins uit. Het grootste kunstwerk is wellicht datgene wat beide, rede en emotie, met evenveel kracht kan beroeren. *'La règle qui corrige l'émotion et l'émotion qui corrige la règle'*, zei Braque. 'Emotie ligt aan het vertrek, maar het is de rede die het kunstwerk maakt.' De emotie van de kijker moet volgens Demeulemeester echter geboren worden uit het kunstwerk zelf. Precies dat gegeven deed hem twijfelen aan de waarde van sommige door de media opgeschroefde creaties van vandaag, die misschien wel uit een goede vondst of uit een interessante ervaring vertrokken, maar die hun succes moeten danken aan de uitleg die erbij gegeven wordt, niet door het plastische meesterschap. Armand Demeulemeester durfde het nog aan van een bestaande tekst te vertrekken om een kunstwerk te scheppen, maar om uiteindelijk de tekst te doen vergeten voor de betovering van vorm en kleur. Vandaag zal men veel horen dat een kunstenaar zeker niet van een voorgegeven tekst mag vertrekken, of geen bestaand thema meer kan behandelen – maar eigenaardig genoeg lijkt het vaak alsof de tekst die men erbij levert (uitleg, filosofie, politieke of sociale stellingname enz.) absoluut noodzakelijk is om het werk te doen aanslaan. Is het geen vreemde paradox? Vele van die kunstwerken kunnen zonder bijgeleverde tekst zelfs niet meer gelezen worden. Het eigen medium kan niet meer zeggen wat het wil, het heeft de symbiose nodig met een tekst of een evenement. Is de cirkel dan rond, en wordt het kunstwerk weer dienstmaagd van iets anders? Een goede vondst vervangt het kunstwerk niet, en een bijgeleverde tekst garandeert op geen enkele wijze de kwaliteit van het kunstwerk zelf. Extraplastische elementen zoals commentaar, publiciteit, sensatie in de markt enz. kunnen een zwakker plastisch werk misschien een tijdje redden of althans de gebreken ervan maskeren, maar niet lang. De geschiedenis zal onherroepelijk haar werk doen, met of zonder miljoenen dollars. Dat was alleszins de overtuiging van Armand Demeulemeester. Hij kon het niet laten om zijn bekommernis uit te spreken over het feit dat zoveel kunst verstikt wordt door het artificiële stardom dat de media in stand houden, en door de cynische pecuniaire macht van de kunsthandel. Kunsthandel is nog geen kunst. Media creëren overigens meer dogma's dan zij zelf zouden willen toegeven. Armand Demeulemeester wilde van dat dogmatisme niets weten. Hij hield zich ver van elke ideologische benadering van kunst. Daarom zou in zijn ogen de tijd de enige rechtvaardige rechter blijven. De tijd zal ook uit de producten van vandaag datgene filteren wat blijvend de onmiddellijke ontmoeting met de bewonderaar tot stand vermag te brengen, de schepping die ook in de toekomst door de kracht zelf van haar plastische vorm hart en geest van velen zal ontroeren.

'Nu is de Mensenzoon verheerlijkt en God is verheerlijkt in Hem' (Joh)

LAATSTE AVONDMAAL

MANU
VAN HECKE

Geheel de uwe

Geheel van ons. Dat straalt Jezus uit te midden van zijn leerlingen, te midden van ons. Geheel van ons, helemaal van ons – gegeven, weggegeven. Brood en beker zijn er niet meer. Gave en gever zijn één geworden. Jezus doet God. Het diepste wezen van God is dat Hij zich weggeeft. Jezus doet niets uit zichzelf. Hij doet alleen wat hij zijn Vader ziet doen. 'Alles wat de Vader doet, doet de Zoon evenzo', zegt Hij. Wie Mij ziet, ziet de Vader. Hij heeft zijn leven aan

ons uitgedeeld, teken van de Geest die Hem bezielt. God en mens komen elkaar zó na. Geheim van een ontstellende nabijheid.

Geheel de uwe – een bewijs van zijn liefde tot het uiterste toe. Waarachtige liefde geeft niet iets; waarachtige liefde geeft alles, geeft zichzelf, geeft zichzelf weg – mateloos, grenzeloos. Jezus geeft wat wij het meest nodig hebben: Zichzelf.

Jezus kijkt ons aan. Jezus ziet – wat geweest is, wat is en wat komen zal. Jezus ziet ons. Die blik van Jezus wordt in de evangelieën meerdere malen verhaald. 'Jezus keek hem liefdevol aan'. Gezien worden, aangekeken worden schenkt leven aan een mens. Lytta Basset schrijft over die blik: *Hij keek mij aan.* 'Hij keek diep in mij. In dit eeuwigheidsmoment voelde ik mij volmaakt geborgen en veilig onder de blik van Iemand die over mij waakte, het voor mij opnam, niets eiste en oneindig dankbaar was dat hij mij met die blik kon aankijken.'

De leerlingen, rondom Hem geschaard, zien niet: gesloten ogen, ogen die kijken in zichzelf. Zien zij wie Hij is? Zien wij wie Hij is? Meerdere jaren is Jezus op weg geweest met zijn leerlingen, zijn vrienden. Hij heeft hen geroepen, samengebracht, leiding gegeven, gevormd door wat Hij zei en door wat Hij deed. En nu is Hij een laatste maal met hen samen – met zijn getrouwen, met hen die 'weten' wie Hij is, met hen aan wie

Hij zich totaal heeft prijsgegeven. En zij zien niet, begrijpen niet. Nog juist waren ze onder elkaar aan het twisten over de vraag wie van hen wel de voornaamste mocht zijn! De gemeenschap rond Jezus is een heel menselijke gemeenschap. De gemeenschap rond Jezus zijn wij. Wij herkennen ons in de twaalf disgenoten: wij zoeken eer, wij willen iemand zijn, wij willen gezien worden. Lezend op hún gelaat: onbegrip, onverschilligheid, zich afkeren, zichzelf affirmeren, misschien zelfs minachting, minder achten, verloochening, verraad. Dat is onze werkelijkheid. Maar juist daardoor zien wij zelf zo moeilijk en zien wij niet wie Hij is. Wij begrijpen Hem niet.

Geheel de uwe. En wij zitten bij onszelf, in onszelf. De leerlingen zijn met zichzelf bezig. Jezus is bezig met hen. Hij blijft zichzelf geven aan hen die van Hem wegvluchten, Hem verloochenen en ontkennen, Hem verraden. Jezus blijft liefhebben – ook als de wederliefde uitblijft. Zuivere liefde: liefde die zich niet zoekt te bewijzen; liefde die niet wil bezitten. Aanwezige liefde: liefde die niet eist, die niet neemt, maar ook niet in de steek laat. Liefde om niet – nogmaals: puur, puur om de ander, puur om ons! Wat er ook kome, wat er ook gebeure!

Alleen als we echt naderen tot Hem, beginnen we iets te begrijpen, is er toeneiging. Dat drukken de middelste drie leerlingen uit.

‘Nu is de Mensenzoon verheerlijkt en God is verheerlijkt in Hem.’

De lichtvlek, die Hij is, deint uit.

Staan wij ervoor open? Want ze dringt enkel binnen, als er ontvankelijkheid is. Hij geeft zich eerbiedig. Hij dringt zich niet op, Hij dringt zich nooit op. ‘De liefde van God uit is sober en discreet. Ze geeft de mens dat hij zichzelf kan verdragen in de soms vreselijke doortocht die het leven is.’ (Maurice Bellet)

Mystiek voorspel. Witte lichtvlek.

Weldra komt de nacht.

Wij gaan verder naar donkere kleuren.

Geheel de uwe. Geheel van ons. Als een zaadkorrel in de donkere aarde. Alleen in het lijden bewijst de liefde haar echtheid. Een liefde die zelfs aanvaardt op niets uit te lopen, te verdwijnen, opdat wij, die Hij zozeer liefheeft, mogen leven.

Armand Demeulemeester over
‘Laatste Avondmaal’:

In dit mystiek voorspel wordt Christus voorgesteld als ‘Ziener’ van wat er gebeuren zal, tussen de niet-begrijpende apostelen. Allen kijken voor zich uit. Zij die hem drie jaar volgden zien een droom ineenstorten. Er is geen enkel symbool van brood of wijn op tafel. Christus zelf zal zich offeren voor de mensheid.

Links en rechts is het doek afgesloten door een apostel, die ruggelings of zijdelings figureert, om de eenheid van deze gemeenschap te accentueren. Om de sereniteit van het moment weer te geven zijn de apostelen voorgesteld in de witte kovel, die de trappisten aantrekken voor het officie.

Judas verbreekt die eenheid en sereniteit en gaat heen om het verraad te plegen.

In deze ontredderde en drukkende sfeer van angst, gaat Christus, de centrale figuur, op subtiele wijze bidden tot de Vader.

'Vader niet mijn wil, maar uw wil geschiede' (Mt - Mc - Lc)

DOODSANGST/ AGONIE

HILDE
MECHIELS-VAN HERP

Door het oog gevangen....

In die maanverlichte nacht op Getsemane leerde ik Jezus in al zijn menselijkheid kennen, in diepe droefheid en in pijnlijke angst. Hier lijkt Hij niet op een halfgod die alles onbewogen over zich heen laat komen. Hij is niet onaantastbaar, niet onwankelbaar, maar bang, doodsbang, zoals wij mensen bang kunnen zijn...

Ik ben gevangen. Gevangen door het indroeve kijken van Gods zoon die ons allen is voorgegaan in deze immense brok van menselijk lijden. Totaal ontredderd staat hij daar, een man, bang, huilend, zwetend, biddend om wat hem te wachten staat. Hij is letterlijk doodsbenauwd. Hij smeekt dit lijden niet te moeten ondergaan. Uit diepten roept Hij, urenlang. Maar deze keer kàn Hij zich niet staande houden. Deze keer gaat Hij door de knieën. Hij heeft gestalte noch luister. Hij is geen held en minder nog lijkt Hij tegen zijn lot te zijn opgewassen.

Bij zijn leerlingen lijken de idealen te zijn stukgeslagen. Moe van teleurstelling en van ontmoediging zijn ze en vallen ze in een diepe, droomloze slaap. Zij zochten een held maar hun held blijkt een verliezer. Zij zochten iemand die zich door de dood niet laat knechten. Maar Jezus toont zich niet op die wijze. Straks wordt Hij door Zijn Vader losgelaten. Dat is het wat naar mijn mening bloed, zweet en tranen kost. Juist Hij, die met al zijn vezels aan God verbonden is, zal de rauwe donkerte van de Godverlatenheid aan den lijve ondervinden. Juist Hij.

Mijn gedachten dwalen verder af naar waar enkele jaren terug ons pril geluk drastisch op de proef werd gesteld en waar ook wij deelachtig werden aan het leed van een kruis. Hoe vaak al bracht een beeld van Jezus' lijden mij terug linksachter, in het schemerdonker van de stemmige kapel van de Tempel der Wetenschap. Daar waar de eerste staties van onze kruisweg hun aanvang namen.

Die kruisweg begon bij het verdict van een vergevorderd carcinoom dat wild om zich heen grauwde en stilaan van plan was de overhand te nemen in de strijd tegen mijn jeugdige, zieke lijf. Hij bracht me verderop bij de lieftallige juffertjes van de chemogang die de rotte job toebedeeld gekregen hadden me aan te sluiten aan een rubberen slangetje waarlangs een wekelijkse oranjerode gifbeker tergend langzaam in mijn zieke lichaam werd gepompt.

Vele jaren voordien had een quasi gelijkaardig gevecht een brutaal einde gesteld aan mijn jonge onbezorgdheid. Maar toen had de strijd, vermoedelijk gezien mijn leeftijd, meer iets van een uitdaging gehad. Ik zou overwinnen en wel glansrijk.

Ondertussen had ik de zoete liefde leren kennen en die liefde was bezegeld met een droom van een zoon. De uitdaging van toen, lang geleden, was vanzelfsprekend meer dan zoek. Ik hield zielsveel van mijn allerliefste en samen met hem beleefden we ons zoontje elke dag opnieuw als een waar geschenk uit de Hemel. Mijn leven – in al zijn overvloed – had net een aanvang genomen, of het werd brutaal verbrijzeld onder het gewicht van een loodzware hamer van angst, van donker en van dood. 'Niet het snijden doet zo'n pijn, maar het losgesneden zijn…', de woorden van Maria Vasalis waren niet meer uit mijn hoofd, want ze raakten diep en pijnlijk juist waar het om draait. De verscheurende pijn die ik ervoer had alles met mijn twee schatten van doen. Mijn parels, mijn lievelingen, met wie ik zij aan zij voor God had gestaan, gezworen had dat we samen bij regen en ontij recht in de branding zouden blijven en die ik, alle goeds dat zo vol liefde aan mij was toevertrouwd, door zou willen geven.

Nog maar net was ik deelachtig aan dat volle, rijke leven of… pats. Alle dingen die ik jarenlang had gekneed, verzorgd, gekoesterd, glipten door mijn vingers. Alle schoonheid werd prompt dichtgevouwen. Al het licht doofde, al die levensklanken die zo mooi en vol kleur waren, zouden wegsterven als een lied zonder einde.

Aarzelend richtte ik mijn blik naar de man met het in-droeve oog en ik bad, vurig en fel, dat de beker aan mij zou voorbijgaan en dat, indien niet mijn wil zou geschieden, ik dan toch de kracht zou mogen ervaren dat, als mijn lieve, aardse tochtgenoten noodgedwongen en verweesd aan de zijlijn moesten achterblijven, de Liefdevolle Vader van alle mensen naast elk van ons zou gaan, met zijn stok en met zijn staf.

Armand Demeulemeester over 'Doodsangst/Agonie':

Christus kent hier het hoogtepunt van zijn morele lijden. Zijn vervormd aangezicht, maar ook de getormenteerde natuur weerspiegelen zijn innerlijke strijd. Tussen deze stekelige boomstronken en bonkige rotsen, onder een vuil-roze maansikkel, reuzegroot dreigend, is Christus naar links geknield en vraagt de Vader om hulp en sterkte in deze ontzettende angst om wat gebeuren zal.

De monnik wordt zo bij het binnenkomen in het kloosterpand, direct geconfronteerd met de meest lijdende Christus.

Zijn vastklampende hand, zijn uitgerekte en naar beneden glijdende arm, voert naar een lichaam 'zonder gestalte, zonder naam, als een worm, vormloos' Isaïas 53.

In dit uur van vertwijfeling en verlatenheid slapen de drie besten van zijn volgelingen.

'Wees gegroet Rabbi'
'Vriend, waartoe zijt gij gekomen' (Mt)

JUDAS KUS

HERMAN
VAN ROMPUY

Verraad is het omgekeerde van trouw. Hoewel trouw als zeer positief wordt ervaren hoeft het dat niet steeds te zijn. Het is geen doel op zich. Waarom moet je trouw blijven aan iemand die trouweloos is in zijn opvattingen of in zijn gedrag? *'Right or wrong my party'* is een leuze die ik steeds bizar heb gevonden. Als je in geweten tot andere ideeën komt, dan hoef je niet trouw te zijn daaraan. Beter is dan trouw te zijn aan je geweten. Natuurlijk is het zo dat je vaak ziet dat je jezelf wijsmaakt dat de anderen trouweloos zijn en dat dat je het recht geeft 'je vrijheid te hernemen'.

Verraad is echter meer dan ontrouw. Bij verraad wil je de andere kwetsen of zelfs vernietigen. Judas keerde niet alleen Jezus de rug toe, maar hij leverde hem ook over aan zijn vijanden. Die vernielingsdrang is een soort van doodsdrift. Het Boze, het Kwade speelt hier een hoofdrol.

Wat brengt mensen tot verraad? Alles is terug te brengen tot een ontspoord egoïsme. Bij jaloersheid verdraag je het succes, de goedheid, de kwaliteiten van de andere niet. Je bent zodanig bezeten door die negatieve gevoelens dat je de andere moreel of fysisch kapot wilt maken.

Eigenbelang (bijvoorbeeld geld) kan ook iemand aanzetten tot verraad. Indien geld de drijfveer is, komt een afweging van 'waarden' boven. Mijn belang haalt het dan op mijn beginselen.

De zilverlingen van Judas. Maar verraadde Judas alleen voor de zilverlingen? Bij Judas komt er ook de wroeging naar boven zodanig zelfs dat de vernielingsdrang zich tegen zichzelf keert. Hij bracht de dertig zilverstukken terug naar zijn opdrachtgevers maar dat was voor hem niet voldoende. De 'Thanatos' treft zijn slachtoffers maar ook hemzelf. Zelfmoord was dan voorheen de enige uitweg.

Spijt en wroeging zijn er niet altijd na verraad. Sommigen genieten van negatieve gevoelens. Het is een vorm van perversiteit.

In het lijdensverhaal is er niet alleen het verraad van Judas, maar ook dat van Petrus. Hij verloochende zijn Meester tot driemaal toe. Ook bij hem was er spijt. Hij 'bekeerde' zich en hem werd vergeven. Waarom zou men Judas dan ook geen tweede kans gegeven hebben? Hij heeft zichzelf voorgoed gestraft. Vergeven is een christelijke deugd bij uitstek. Zo vroeg Petrus ooit aan Christus: 'Hoe vaak moet ik mijn broeder vergeven als hij iets misdoet? Tot zeven keer toe.' Jezus zei hem: 'Tot zeventig maal zeven keer toe.' (Matteüs 18,21-22). Christus kon vergeven omdat hijzelf consequent was tot de dood toe. Zelfs al kostte hem dat moeite en had hij angst voor de dood en het lijden in de Hof van Olijven. Mensen zijn geen helden en Christus zelf moest zich inspannen om 'heroïsch' de dood tegemoet te gaan omdat hij trouw wilde blijven aan zijn roeping.

Judas' verraad is verwerpelijk, maar hij kon er zelf niet mee leven. Mijn eindoordeel is milder dan wat de geschiedenis van hem gemaakt heeft.

Armand Demeulemeester over 'Judaskus':

Nu is Christus tot rust gekomen en gaat, naar rechts gekeerd Judas tegemoet.

Met Hem kan de monnik, die in die richting door het pand gaat, Jezus' weg ter meditatie volgen.

Moment van grote spanning; Judas durft de Meester niet in de ogen te zien, hij wijst Hem aarzelend aan, evenals een tweede ruwe figuur, met duistere blik, die omkijkend zoekt naar volgelingen.

Het hoogtepunt van de dramatiek ligt in het wachten op het verraad, Judas' kus!

Een kameleon, beeld van camouflage en vlucht, hangt in een dorre boom van deze ondraaglijk sombere natuur.

En toch, Christus domineert het trieste tweetal, kijkt Judas recht in het aangezicht, vol droefheid om die 'vriend' die verloren gaat.

'Ik ken Hem niet'
...En de Heer keerde zich om en zag Petrus staan...
Petrus ging naar buiten, en weende bitter. (Lc)

VERLOOCHENING VAN PETRUS

BART
DEMYTTENAERE

Zonder de persoon van Simon Barjona alias Petrus zou het christendom nooit bij zovele miljarden gelovigen hebben kunnen aanslaan. Petrus staat immers model voor alle menselijke zwakheden die er zijn. Van alle personen uit het evangelie vind ik hem daarom het sympathiekst. Met Petrus kan ik me meten, met Jezus lukt me dat veel minder goed. Ik geef toe dat die twee onmogelijk te vergelijken zijn. De ene is de zoon van God en Zijn idealen zijn voor een mens, hoezeer die ook zijn best doet, ontzettend moeilijk in de praktijk om te zetten. Juist omdat Jezus dat zelf zeer goed besefte, heeft hij zijn minst volmaakte volgeling van het eerste uur met de grootste verantwoordelijkheid belast: de zorg voor de herderloze, zwalpende kudde. Dat was een meesterzet, de zoon van God waardig.

Zelfs de evangelisten vonden het niet nodig Petrus' zwakke kanten weg te moffelen of enigszins te verbloemen. Geen enkele van zijn elf collega's wordt bij wijlen scherper geportretteerd dan deze eenvoudige, ongeletterde visser uit Kapernaüm. Simon Petrus wordt afgeschilderd als een krachtige persoonlijkheid met een impulsief karakter. Hij zweert dure eden, die hij even later met evenveel gemak vergeet. Hij is tegelijkertijd onstuimig en aanstekelijk enthousiast. Dan weer vliegt hij uit, roept en huilt hij, slaat zich vol zelfmedelijden op de borst en valt op de belangrijkste momenten in slaap. Zelfs Jezus krijgt het enkele keren danig van hem op de heupen. Hij wijst hem meermaals publiek terecht en noemt hem satan en steen des aanstoots. Op het eerste gezicht geen fraai plaatje. Zeker niet voor een apostel van zijn kaliber.

Armand Demeulemeester heeft Petrus treffend afgebeeld. De sterke, zwakke opportunist die alles waarin hij rotsvast gelooft zonder problemen afzweert en zijn meester de rug toekeert, waarna hij opnieuw aan zichzelf gaat twijfelen en zich vervloekt om zijn verdomde lafheid.

Dat trekt me juist in Petrus aan. Hij brengt het onhaalbare binnen handbereik. Hij confronteert mij met mijn slechtste kanten en haalt tegelijkertijd het beste in mij naar boven. Ik, de zwakke mens, die met mooie woorden hoge idealen nastreef, waarvan ik weet dat ik ze niet allemaal kan waarmaken. Nu eens een scherp en broos kiezelsteentje, dan weer een onwrikbare rots. Tomeloze kracht en zielige ellende, overtuiging en twijfel ineen. Petrus en ik, wij zouden broers kunnen zijn.

Armand Demeulemeester over
'Verloochening van Petrus':

Twee werelden. Rechts de feestvaandels voor de Rechtvaardige die moet verdwijnen. Links de berouwvolle vriend. Ineengestort, vol schuldbesef, grijpt Petrus krampachtig zijn mantel vast: een brok ellende, zielig maar niet wanhopig.

Een reuzegrote gele maansikkel hangt als een schreeuw in de lucht. Een wolk, zwaar als een 'steenrots' weegt op Petrus, op wie Christus zijn kerk zal bouwen.

De Heer, met de belofte van de wederopstanding in zich, keert zich om en kijkt Petrus liefdevol aan.

'Ik vind geen schuld in Hem
... toen liet Pilatus Jezus geselen' (Mt - Mc - Lc - Joh)

GESELING

WILLEM
VERMANDERE

Ik had alle hoop laten varen, ooit nog de kruisweg van Sint-Sixtus te mogen zien ‘in ’t echt’... tenzij ik in mijn stokoude dag, ontdaan van alle wereldse begeertes, zelf nog zou binnentreden in de abdij. Mijn baard heb ik al en ze noemen mij nu al een soort kluizenaar, maar verder is de kans klein. Maar het zou kunnen! Zo ken ik een monnik, die regelmatig bezoek krijgt van zijn kinders. Mooi is dat!

Die kleurreproducties zijn heel knap, maar ik wilde de schilderijen zien op ware grootte, en ik wilde zo graag eens in de lange bakstenen wandelgangen lopen, om het licht te zien binnenvallen op de verf en hoe die doeken zich mengen met de stilte die rond de monniken hangt. Het kon... Deo gratias!

Ik was geamuseerd toen daar in dat pand een paar van die langgerokte kerels van vlees en bloed nogal vrolijk met elkaar liepen te converseren en net voorbij ‘Simon van Cyrene’ stond er zelfs eentje fluisterend via zijn gsm in contact met een buiten-muurs wezen. Hier mag je van niets verschieten!

Maar van die kruisweg verschoot ik toch. Neen, Armand Demeulemeester is niet dood. Kijk eens hoe fel hij ‘leeft’ van statie tot statie. Verdomme verdomme, hang deze kruisweg in mijn dorpskerk en de brave katholieke mensen zullen hem opstoken. Neen, zo katholiek zijn die paters trappisten al lang niet meer. Ons bezatten met hun beste bier, dat kunnen ze. Wat moeten onze moslimbroeders daarvan denken!

Die Jezus van Westvleteren heeft niets meer te maken met dat zeemzoeterig betonnen heilig hartebeeld, dat hier ons dorpsplein domineert. Neen, deze kruisweg is erg rauw, heel naïef en zeer storend. Als ge u nog altijd geborgen voelt in uw versteend traditioneel geloof-ke, dan moogt ge dit boek niet verder bekijken. Ge ziet toch ook wel wat een zielepoot die Jezus is! Het is duidelijk, ze gaan die sukkelaar, die bevlogen verteller, die gekke goeroe, die Joodse dichter, die zogezeide timmermanszoon van Nazareth, vermoorden. Eerst nog wat geselen en dan een langzame marteldood laten sterven. Hij kijkt naar mij, hij kijkt met die vreselijke donkere diepe ogen dwars door mijne kop... Vriend Willem, waarom slaat gij mij! Hebt gij misschien mijn metaforen niet begrepen en zijt ge niet akkoord als ik u zeg ‘Bemin uw vijand’ en hebt ge het nog altijd niet verstaan dat ge alle ballast uit uw leven moet weren, om de kostbare parel te verwerven. Jongen toch, zonder onthechting verzinkt ge in de chaos. En hoe zit het met uw talenten, ge zult ‘het rijk der hemelen’ niet binnengaan als ge uw talenten verkwanseld hebt. Ai, dat doet me pijn.

Meester Jezus, met uw geweldige verbeelding, gij wist het ook niet waarom het op de wereld niet voor alleman gelijk verdeeld is, maar ge hebt een verhaaltje verzonnen 'Van de werkers van het elfde uur'. Geniaal! Ge hebt de blinden de ogen geopend, dat wil zeggen, ons inzicht gegeven, lammen overeind geholpen, zelfs doden weer tot leven gewekt, ik bedoel, mensen in alle hevigheid doen herboren worden.

O wat had ik graag die ultieme verschijning aan Maria Magdalena becommentarieerd. Alle leed is geleden. Niets dan licht! Jezus, gij moest sterven en gij ook, schilder Armand, opdat het grote licht, de draagwijdte van jullie leven, tot ons zou doordringen.

Goddank voor dit boek. Maar ik zal het altijd met wat verdriet doorbladeren. Er zullen nieuwe muren en gangen komen in Westvleteren en later wellicht ook nieuwe monniken van vlees en bloed. Maar het licht dat er binnenvalt en dat zich mengt met de stilte rond dit meesterwerk 'in 't echt', dat zal ik missen zolang ik leef.

Armand Demeulemeester over 'Geseling':

Christus draagt de bespottelijke mantel als een ware Koning... maar Zijn Rijk is niet van deze wereld. Hij kijkt ons aan, goedig, vermanend, vragend. Zijn lichaam teert weg. De beulen beschimpen, tergen en bespotten Hem.

Links, de mondaine welstellende beul van zijn broeder, zijn hand is verzorgd, gewoon aan verfijnde omgang, maar zijn gelaat weerspiegelt zijn ziel. Rechts de ruwere beul. In die kerels herkennen we onszelf als geciviliseerde lasteraar, schimper en spotter.

Toch rijst Christus hoog boven de anderen uit, het hele gebeuren dominerend, Koning blijft Hij.

'Toen gaf hij Hem aan hen over om gekruisigd te worden' (Joh)

VEROORDELING DOOR PILATUS

JAN DE COCK

Ave Pilatus, beste Pontius,

Ik vroeg me af of u vannacht zou slapen. Of u nog parelt van het zweet. En of de klammigheid van uw handen al is weergekeerd nadat u ze vanmiddag wit en droog hebt gewassen. Ik had met u te doen. De grote prefect die nagels bijt. De mouwenveger van de keizer, de wikker-en-weger die soelaas zoekt onder het waaien van papyrus door zijn dienaar. De stijfkop die zwicht. Weerom. Want had u al niet eens op het Joodse hart getrapt door beelden van de princeps in Jeruzalem te plaatsen? En neep u ze niet bij het massaal protest omdat u geld uit de tempelkas gebruikte voor uw sanitair? U kon een derde volksopstand missen als kiespijn en als natte handen. Ik zie u nog slikken onder de loensende blikken van de mensen op het plein en de geilende van Barabbas, uw springplank tot heil van uw hachje. Maar het draaide anders uit, edelachtbare. Volksmennerij en recht zijn nooit een goed huwelijk. Straks riskeert u nog dat men u voortaan belijdt in tempels en kerken als de vinger onder wie Jezus Christus heeft geleden. Stel u voor! Dienst na dienst, belijdenis na belijdenis, eeuw na eeuw: 'Pontius Pilatus onder wie Gods zoon gekruisigd werd.'

Hoe lief is u het recht?
Hoe lief is u de mens?
En wat is waarheid?

Beste Pilatus, aan uw onderscheidingsvermogen heeft het niet gelegen. U kent de kleur van paars en die van wit, mengt aubergine niet met wol. U hebt een oog voor goed en u hebt een oog voor kwaad. U hoopt het goede maar u doet het kwade! Hier is een tip voor het geval u nog eens een oordeel moet vellen. Neem volgende keer alvorens u een knoop doorhakt een tijd uw intrek in de kerker. Zet uzelf op water en brood. Wie weet heeft u zelfs de moed voor één geseling en één doorn. Die dokter kent zijn patiënt, die een endoscopie zelf ondergaat. Die rechter is bij machte rechtvaardig te oordelen die de consequentie van zijn rechtspraak kan inschatten.

En nog iets. De context man, de context. O nee, u moet een ongelukkige jeugd niet aanwenden om de verantwoordelijkheid van een dader toe te dekken. Maar een ruimere blik op de omstandigheden, op de geschiedenis, op honderd en één factoren komt ook het slachtoffer ten goede in zijn verwerkingsproces. Voor rechtspraak is lef nodig. Lef en liefde. Liefde vloekt niet per se met justitie. Stel dat uw liefde van die aard ware geweest dat ze verder reikte dan compassie. U had geschiedenis geschreven met witte inkt. En, Pontius Pilatus, u had wellicht ook goed geslapen.

Ik wens u nog een zalig Pesachfeest.

Armand Demeulemeester over
'Veroordeling door Pilatus':

Christus, geslagen en gegeseld, domineert hier ook de rijkgeklede Pilatus, die verward zit in een wereld van lafheid en intriges, vol angst voor zijn maatschappelijke positie in deze wereld.

Vanop zijn rechterstoel, op de plaats Litostrotos kijkt Pilatus schichtig weg, met opengesperde ogen; zijn samengeperste mond en wriemelende beentjes verraden zijn onrust. Zijn aarzelende, beverige vinger wijst aan om te veroordelen en tegelijkertijd trekt hij zijn elleboog terug. Zijn opgezwollen hals en ongezonde huidskleur wijzen op een ongeneeslijk ziek zijn. Er komt een ultieme kans voor Pilatus. Als de stem van zijn geweten komt die mysterieuze figuur, Mevrouw Pilatus, zeggend: 'Vergrijp u niet aan deze Rechtvaardige, want ik heb heden in een droom veel om Hem geleden.'
En toch levert Pilatus Hem over aan het volk.

'Zelf droeg Hij het kruis' (Joh)

KRUIS OPNEMING

TON
LATHOUWERS

Ooit beschreef een Russisch dichter hoe een oude priester in een nachtelijke kerk de rol van Judas, die hem zijn hele leven had gekweld, plotseling anders ziet: hoe Judas zijn eigen verschrikkelijke kruis opneemt en tot het einde draagt, tot aan zijn zelfmoord toe.

Wat mij in de kruisweg het meest getroffen heeft is deze kruisopneming door Judas, al is die als zodanig nergens afgebeeld. Die kruisopneming begint al bij het Laatste Avondmaal, als Judas als een uitgestotene de tafel verlaat. Geen van de disgenoten kijkt zelfs maar om. Merkt niemand de verscheurdheid van deze mens? Vermoedt niemand het verschrikkelijke dat met hem gaat gebeuren?

Jaren geleden las ik dat iemand zich zijn leven lang schuldig voelde, omdat hij de zelfmoord van een goede vriend niet had zien aankomen. Hoe was het mogelijk, dat hij nooit eerder signalen had opgevangen van diens wanhoop? Dat is een vraag die zich ook hier opdringt. Hoe was dat bij die anderen aan tafel? Maakte hun betrokkenheid bij Jezus hen voor dit andere drama blind?

Judas heeft me al beziggehouden vanaf mijn jeugd. Hij werd voor mij het prototype van alle verworpenen. Ooit vertelde een theoloog me dat over Judas geen twijfel mogelijk was: hij was verdoemd, de onfeilbare woorden in het evangelie 'het zou beter zijn als die mens niet geboren was' lieten geen andere interpretatie toe. Ik heb dat nooit kunnen aanvaarden. Ik ben voor Judas blijven bidden. Voor hem en voor alle verworpenen. Tegen alles in wat ik erover hoorde en las.

In een roman van de joodse schrijver Elie Wiesel bidt een oude man: 'God, help me het verleden indachtig te blijven, alle wanhoop van het verleden, alle hoop van het verleden, alle verlangen van het verleden. En, God, zelfs als Gij het allemaal vergeet, ik zal het niet vergeten.' Zelfs indien God het vergeet... het is een huiveringwekkende uitdrukking uit de joodse traditie: *kaf hekalah* of de put van de absolute vergetelheid.

Maar dieper nog in dit verhaal is het onvoorwaardelijk indachtig blijven van de oude man, zelfs tegen Gods vergetelheid in. Sluit dat indachtig blijven niet ook Judas in, zelfs als Jezus gezegd heeft 'het ware beter dat deze mens niet geboren was'? *Aimes-tu les damnés? Connais-tu l'irrémissible?...* Heb je de verdoemden lief? Besef je wat dat is: onherroepelijk? Deze versregels van Baudelaire zijn me altijd bijgebleven sinds ik ze lang geleden voor het eerst las. Durf ik de afgrond achter deze woorden tot me te laten doordringen? En te geloven dat voor het *aimes-tu* zelfs het 'onherroepelijke' wijkt?

Ook in een door Dostojevski aangehaald oud-Russisch verhaal wordt gesproken over 'degenen die God vergeten heeft'. Maar hier is iemand die hen niet in de steek laat, zelfs niet na het Laatste Oordeel: de Moeder Gods. Het enig geldige laatste oordeel is voor haar de stem van haar hart. Zij daalt af tot in de diepste hel om iedereen zonder uitzondering te redden. Iedereen zonder uitzondering: het wordt tot tweemaal toe herhaald. Maar tegelijk wordt ons duidelijk gemaakt dat de Moeder Gods enkel een protagonist is. Het is aan ieder van ons om dezelfde stap te zetten.

'Zou de moeder van Judas minder van haar kind gehouden hebben dan de moeder van Jezus van haar zoon?' (Kahlil Gibran). Ooit heb ik een kunstenares gevraagd die onvoorwaardelijke liefde van Judas' moeder te schilderen: diens smartelijk gelaat voor altijd in haar hart en huid gegrift. Jaren later heb ik een iconenschilder de opdracht gegeven om een icoon te maken waarop de verlossing van Judas wordt uitgebeeld. Hier daalt de moeder van Judas af in de hel om haar kind te redden. Ze neemt Judas die de strop nog om zijn nek heeft bij de hand en leidt hem binnen in het licht.

Het verschrikkelijkste en meest onbegrijpelijke blijft het feit, dat er tijdens tweeduizend jaar christendom nooit in de kerken voor Judas is gebeden. Tot op de dag van vandaag. Terwijl in diezelfde twintig eeuwen de eeuwige verdoemenis als een realiteit werd gepredikt. Wat is dit? Onverschilligheid? Berusting? Gebrek aan diepgang?

Natuurlijk, er is de laatste decennia veel veranderd in ons religieuze wereldbeeld. Maar zijn wij veranderd? Zijn ons innerlijk leven en ons godsvertrouwen plotseling zo verdiept, dat Judas en alle verdoemden ons geen zorgen meer baren? Omdat dit alles nu kan worden afgedaan als allegorie of weggeredeneerd met een beroep op de gnosis?

Voor mijzelf is het een lange en pijnlijke weg geweest, voordat het oude religieuze perspectief volledig kantelde. Maar de noodzaak om in de afgrond van dit mysterie te blijven kijken is er voor mij niet minder door geworden. Evenmin als mijn overtuiging dat alles hier niet alleen van de genade maar ook van ons, van mij en jou afhangt.

Mijn ontmoeting met het zenboeddhisme, met name in zijn oorspronkelijke Chinese vorm, is daarbij beslissend geweest. Ik ontdekte dat de onvoorwaardelijke solidariteit, ook met de meest verlorenen, hier kern en sluitstuk is van de innerlijke ommekeer. De dagelijks in zenkloosters gereciteerde regel: 'Hoe talloos de levende wezens ook zijn, ik beloof ze alle te bevrijden' wordt precies daarom de 'eerste gelofte' genoemd en het 'hart van de meditatie'.

Maar ik ontdekte hier nog iets: de betekenis die Jezus van Nazareth ook voor de belangrijkste vernieuwers van het zenboeddhisme had. Hij wordt door hen beschouwd als een Boeddha, een volledig ontwaakt iemand. Niet omwille van zijn uitspraken, ook niet omwille van zijn fysieke dood en opstanding, maar om zijn innerlijk sterven – de 'grote dood' – en zijn 'verrijzenis uit deze grote dood'.

Nu kan ook Jezus' kruisopneming in een nieuw licht gezien worden. Die kruisopneming is dan niet zozeer de concrete gebeurtenis die in deze statie wordt uitgebeeld. Ze is nu allereerst het op zich nemen van de eerste gelofte 'ik beloof ze allen te bevrijden' tot in haar uiterste consequentie. Die uiterste consequentie omsluit ook alle 'verdoemden', wat we daaronder ook mogen verstaan. Allen, ook Judas.

Jezus en Judas. Twee keer een kruisopneming. Eén groot mysterie. Laten we dit mysterie binnen gaan. Helemaal alleen, als de Russische priester in de stilte van de nachtelijke kerk. Laten we elke keer dat we langs deze kruisweg lopen ook het drama van Judas indachtig zijn en voor hem bidden. Hij is ons meer verwant dan we vermoeden. We hadden allemaal Judas kunnen zijn.

Armand Demeulemeester over 'Kruisopneming':

'Kruisig Hem!' dit is het antwoord van het volk dat Hij heeft liefgehad.

In een totaal ontredderde, verhakkelde natuur, met een onwezenlijke lichtloze zon, gaat Christus zijn lijdensweg. Hij omarmt zijn kruis, biddend, wankelend van uitputting, moederziel alleen. Hij gaat zijn weg, recht voor zich, naar Golgota, naar de dood en tegelijkertijd naar de opstanding en verheerlijking.

'... hem belaadden ze met het kruis om het achter Jezus aan te dragen' (Lc)

SIMON VAN CYRENE

VEERLE
DEBLAUWE

Je kunt ze op één hand tellen. Die dagen, waarop een mens echt de hele wereld aankan. Regelrecht naar de zon, zelfs Icarus doet het niet na. Geen hoge hakken of kleine wolken... zweven doe je toch. Een discrete glimlach, maar duizenden kriebels binnenin.

Zo ook die vrijdagmiddag, hartje Brussel. De blauwe lucht kleurt somber grijs. De hemel rommelt. De regen valt met bakken uit de lucht. Een schoenenwinkel. 'Mijnheer, verkoopt u paraplu's?' Van achter de toonbank kijkt een norse man, een jaar of veertig, me niet-begrijpend aan. '*Vous vendez des parapluies?*' '*Non.*' Stilte. '*Vous êtes allemande?*' Een beetje verward schud ik mijn hoofd. Ik kijk even weg. Ik kijk terug. Stilte. Koel en leeg, zo voelt die blik. Eén seconde, nog één... Ze lichten op. Zijn ogen. Heel zachtjes... Lichten ze op?

'*Ici... à 100 mètres vous verrez un Wibra. Achetez un là-bas. Et après vous me rendez le mien.*' De man duwt me een nagelnieuwe paraplu in de hand. Stomverbaasd en vol ongeloof loop ik naar buiten. De straten staan ondertussen blank. Mijn haar zit veilig weggeborgen, mijn schoenen doornat, handen ijskoud. Maar geen 'via dolorosa' voor mij, Simon! Ik krijg het warm. Want een wonder is geschied. Een glimlach tekent mijn gezicht. Ik versnel mijn passen. En zit met duizend-en-een vragen.

Ik heb iets met ogen. Die spiegels van de ziel. Ze intrigeren me. Was het daarom, Simon, dat ze juist jou eruit pikten? Omdat jouw ogen iets verrieden? Wat dacht je toen je je blik op hem richtte? Was je meer dan louter een ramptoerist? Was het meer dan enkel maar 'ocharm, die sukkelaar'? Had je oprecht met hem te doen? Met die bloedende man? Was het zijn aanblik? Zijn blik? Hol. En wat als ze je niet hadden gedwongen? Durfde je wel weigeren?

Vergeef me mijn vrijpostigheid, Simon, maar de ogen van die kinderen staan op mijn netvlies gebrand. Honderden dakloze mensen in Dhaka (Bangladesh). Een tornado had de voorbije nacht in de buitenwijken lelijk huisgehouden. Volledige sloppenwijken zijn met de grond gelijkgemaakt. Bomen ontwricht. Losgerukte elektriciteitspalen. Golfplaten kriskras in het rond. '*14 deadly victims and 2000 wounded*' kopt *The Bangladesh Today*.

Daar sta je dan, een cameraploeg op doorreis. Jeeps aan de kant, camera in de aanslag. Mensen die zich rond je scharen om je hun verhaal te doen. Een drummende menigte. Ogen die je aandacht opeisen, dwingend en onhoudbaar. Die pijn, en nog erger, die hoop. Ik kijk even weg. Ik kijk terug. En ik kijk weg.

Tien minuten later... gestopt met filmen, we hebben goeie beelden, indrukwekkende shots. En in mijn hoofd maar één gedachte: 'Men vertelle het voort…!'

'Men vertelle het voort…!' Ik moet het kwijt. De regen houdt op. De zon breekt door de wolken. Straks zie ik een vriend. Dit menselijk staaltje van altruïsme verdient geen stilzwijgen. Twee kerels komen onmerkbaar dichterbij. Centraal- en Noord-Afrika, een zeldzame combinatie. In gedachten verzonken, schrik ik op. '*Excusez-nous mademoiselle, vous avez 50 cent pour téléphoner?*' Er flitst vanalles door mijn hoofd. Onzeker zet ik een stap achteruit. Voor ik het goed en wel besef, klinkt het '*Non*'. Ik draai me om en snel de andere richting uit. Met mijn ogen naar de grond. Wat heeft mij bezield? Simon? Of richt ik me beter tot jouw naamgenoot?

Armand Demeulemeester over
'Simon van Cyrene':

Simon van Cyrene, half verscholen achter het kruishout is de boeteling in het verborgene.

De linkerhand grijpt reeds de zware last terwijl de rechterhand de Heer discreet aanraakt in een vragend gebaar of hij het kruis kan overnemen. Maar Christus gaat gebroken maar vastberaden door.

De expressiviteit van de handen zijn ook hier weer belangrijk. Ook de compositie: Christus, Simon, kruishout, drie verticalen gebroken door de dwarsbalk en de arm van Simon. Het wit gewaad vorm- en materieloos uitlopend, herinnert ons aan de wederopstanding.

'Weent niet over Mij, maar over uzelf en over uw kinderen' (Lc)

WENENDE VROUWEN

PATRICK
LATEUR

Zij komen uit hun witgekalkte huizen
en sluiten zich hier bij de treurstoet aan.
De vrouwen rouwen, lees ik, en zij huilen.
In oude teksten wenen weinig mannen.
En hij, de man van allen, kijkt ontdaan,
houdt even halt, de kruisboom in de handen.
Hij ziet terneergeslagen ogen, hoofden
die buigen voor zijn onverdiende lot
en handen die hem groeten voor het laatst.
Zijn laatste woord voor hen: 'Huil niet om mij,
huil liever om uzelf en om uw kroost.'
Ziet hij iets anders dan wat moeders zien?
Kent hij de donkere dagen die hun wachten?
Hij kijkt veel scherper dan zij kunnen dragen.
'Gelukkig is de schoot die niet kon baren,
gelukkig ook de borsten die niet zoogden.'
Een vrouw zal deze tegenspraak niet dulden,
een moeder heeft geen oor voor wat haar kwetst.
De woorden van de ziener klinken vreemd:
waarom zou men de heuvels en de bergen
ooit vragen dat zij op de mensen vallen
en dat zij hen bedekken en begraven?
Toch leest men in zijn oog de helderheid
van wie het duister van de toekomst ziet.
De wereld is geen tuin, Jeruzalem
wordt puin. Het groene hout van mededogen,
van deemoed, liefde en gerechtigheid
vermaalt men in de molen van de macht.
Het dorre hout wordt ongemoeid gelaten,
verstikt wat ondanks alles groeien wil.
Begrijpen deze twee zijn raadsels wel?
Zij lijken te berusten in zijn leed

en voelen mee, maar zeggen veilig niets.
Ook hij voelt met hen mee, heeft medelijden
met deze vrome vrouwen, maar vermaant hen.
De aarde dorst naar groen van gras en bomen,
naar helderheid van water waarin mensen
zich spiegelen en dromen van Gods rijk.
Kom, vrouwen, mannen van Jeruzalem,
van nu en later: bid en werk en spreek.

Armand Demeulemeester over
'Wenende vrouwen':

Op weg naar Golgota, in een verdorde drukkende natuur, met zware boomstam en wegzinkende maansikkel, ontmoet Jezus zijn moeder. Als een berg verdriet, ineengezonken knielt zij neer, voor haar Zoon. Een tweede devote figuur weert met sereen gebaar het kruis van haar Meester en van haarzelf af. Maar Christus vraagt berouw over haar eigen zonden, opdat de heilsboodschap zich ook aan haar zou kunnen voltrekken.

'Vrouw, ziedaar uw zoon...
... ziedaar uw Moeder' (Joh)

MARIA EN JOHANNES

SABINE
ALEXANDER

De schilder wikt. Hij zoekt een vorm en kleur voor oeroude verhalen – zíjn vorm en zíjn kleur. Hij geeft ze zíjn gezicht dat door de dikke laag van beelden dringt die zich door de tijd heen heeft opgestapeld. Niet bruusk of provocerend doet hij dat, maar heel subtiel, met rood en auberginepaars en hier en daar een vlek zongeel. Hij zet een kale kop waar je een dikke haardos had verwacht, een lege tafel waar je brood dacht aan te treffen, wijd opengesperde ogen in plaats van een neergeslagen blik.

Onder het kruis staan Maria en Johannes. Neen, de schilder heeft hen niet echt 'onder' het kruis gezet, ze staan dicht bij Jezus, ze kunnen hem omarmen, zijn gemartelde lichaam aanraken. Maria heeft de ogen neergeslagen, ze blikt naar binnen, zoals die dag toen de engel haar de goddelijke boodschap bracht, alleen heeft de verwondering nu plaats gemaakt voor pijn. Haar hart dat indertijd van vreugde opsprong ligt vandaag als een steen in haar borst. Bij het kruis staat een moeder wiens zoon haar boven het hoofd gegroeid is, wiens zending ze ook nooit helemaal begrepen heeft. Waarom heft ze haar armen niet ten hemel in zelfbeklag, opstandigheid of twijfel? Waarom komt uit haar mond geen schreeuw of jammerklacht, hoogstens een snik?

Het doet me denken aan de laatste regels van de 'Ballade van de dingen die niet overgaan' van J.W.F. Werumeus Buning:

'Vervloekt en ongezegend is het lijden
Totdat men leert onder het kruis te staan,
En dat dit zo zal zijn in alle tijden:
Dit zijn de dingen die niet overgaan.'

Onder het kruis staan is buigen voor de pijn en het verdriet, is achterblijven en zich laten troosten. Onder het kruis staan alle moeders die zonder hun kind verder moeten. Hun blik keert zich naar binnen, naar de dagen toen ze een warm kinderlijfje in hun armen droegen en het huis geurde naar melk en honing. Naar de dagen toen het kind zich losmaakte uit hun armen en zij het lieten begaan. Naar de dagen toen ze zijn woorden niet allemaal meer begrepen. Al die momenten kleuren goud in de duisternis die zich sluit rond het kruis.

Onder het kruis staat elke vriend die een vriend verloren heeft. Leeg is de plek waar hij aan tafel zat. Nooit meer zijn handen zien bewegen, nooit meer zijn verhalen horen. Je kunt alleen nog trachten die verhalen neer te schrijven opdat niet alles van hem verloren gaat. Zijn woorden kleuren trouwens wonderlijk profetisch in het licht van dit kruis.

En Jezus blikt voor zich uit, hij kijkt ons aan met donkere ogen die gevuld zijn met ik weet niet wat – met de pijn van 'het weten', met droefheid, angst? Zijn hand is verkrampt, zijn lichaam heeft de kleur van de dood. En rond het dwarshout zoekt een vreemde hand naar hem, de hand van de eenzame, de boetvaardige, onder wiens kruis niemand staat.

Onder Jezus' kruis staat de liefde. Zonder haar verliezen leven en dood elke zin.

Armand Demeulemeester over 'Maria en Johannes':

Aan 't kruis genageld, zijn blik gericht in 't oneindige, schenkt Christus het laatste, maar edelste wat hij bezit aan de mensen: Zijn moeder, Zijn vriend.

Maria en Johannes reiken mekaar beschermend de hand. In de linkerbovenhoek klampt de hand van de goede moordenaar zich vast aan het kruishout en raakt Christus. Hij was de eerste gelovige op Golgota. Christus belooft hem het Paradijs. Belofte van de verrezen, vergevende Christus.

'Het is volbracht' (Joh)

KRUISDOOD

HERMAN
DE DIJN

Jezus sterft na martelingen en vernederingen: niets of niemand kon hem beschermen. Hij sterft volkomen eenzaam, zoals elke stervende, maar daarbij sterft hij de dood aan het kruis, een schandelijke dood, de dood van opstandige slaven en uitschot. Geen natuurlijke dood, maar een gruwelijke dood, toegebracht door medemensen. De Zoon van God wordt zo radicaal de Mensenzoon wiens leven, zoals dat van niet weinig mensen, zonder enige schuld van hunnentwege, eindigt in totale verlatenheid en mislukking.

Er is alleen de donkere nacht te midden van de dag. Er is geen licht in de tunnel. Er lijkt niemand meer daar, alleen een paar schaduwen. Er blijft niets over van al wat aan dit leven glans en zin leek te geven. Jezus' ogen zijn gebroken, zijn lippen op elkaar geknepen, zijn longen zijn geïmplodeerd. Hoewel spreken haast onmogelijk moet zijn geweest, vertellen de evangelisten Marcus en Matteüs hoe hij vlak voor zijn dood de totale verlatenheid uitschreeuwde: 'Mijn God, mijn God, waarom hebt Gij mij verlaten?' Daarna slaakte hij een luide kreet en gaf de geest. Lucas en Johannes melden wat die kreet inhield: 'Vader in Uw handen beveel ik mijn geest' en 'Het is volbracht'. Ondanks de totale verlatenheid, geen opstandigheid, maar overgave aan wie hij ondanks alles Vader blijft noemen. In hem leeft het besef dat hij de weg is gegaan die tegen alle menselijke verwachtingen in de weg van de Messias, de Christus, was. Toch lijkt die weg te eindigen in het niets. Is dat zo? Het is nu van geen belang meer: het is volbracht.

Hier geen God die totaal transcendent, totaal vreemd is aan het menselijke. Geen God die de mens oproept zo schrander, zo sterk, zo onthecht te zijn dat we de dood niet meer vrezen, dat angst, eenzaamheid, zinloosheid ons niet meer raken. In Christus heeft God het menselijke van binnenuit doorleefd en is hij voor ons die schrikwekkende zones binnengetrokken. De herder is een lam geworden dat ter wille van anderen de slachtbank niet is ontvlucht, hoewel dat perfect mogelijk was. Door de kruisdood te sterven, zal Jezus kunnen beloven: ik zal altijd bij u zijn, vooral bij elkeen die onschuldig, totaal onbeschermd, in de handen van nietsontziende machtigen valt, die moederziel alleen het einde tegemoet gaat. Jezus' handen strekken zich buiten het kruishout uit naar al wie hem nodig heeft. Zo kan hij pas worden wat later aan de leerlingen duidelijk wordt: de Zoon van God die lijden en dood van binnenuit kent en daardoor de Verlosser is. Zodat wij, ook al lijken we helemaal alleen en van zelfs God verlaten, kunnen vertrouwen: hij staat naast mij, vooral in het uur van lijden, zinloosheid en dood.

Armand Demeulemeester over
'Kruisdood':

De blanke Christus hangt in een opperste liefdesgebaar tegen een totaal ontredderde verscheurde kosmos. Hij ging tot het uiterste – tot de dood. In een allesomvattend gebaar – de uitgespreide armen tot buiten het schilderij om toch niets of niemand te laten ontsnappen – belooft Hij de wereld vergeving en heerlijkheid voor allen en voor altijd!

'Maria... Meester!' (Joh)

VERSCHIJNING AAN MARIA MAGDALENA

PIETER
OUSSOREN

In stilte, ongezien
en stralend, onverwacht,
herrijst de Levende
uit dood en donk're nacht.

De kruiden van de dood,
zij kunnen weggedaan.
De opgestane leeft
en spreekt Maria aan.

(Marijke de Bruijne)

De eigenlijke verrijzenis, daar was zelfs jij niet bij, zuster Mirjam van Magdala! Je stond bij het kruis toen je Heer stierf, je hebt gezien waar hij is neergelegd, en op die bijzondere morgen ná de sabbat was je de eerste of een van de eersten die ontwaarde dat de steen voor het graf was weggewenteld en dat de beminde dode er niet meer lag.

Het wegwentelen van de steen en de uittocht van Jezus, daarvan zijn geen ooggetuigen bekend. Niemand heeft ooit gezegd: 'ik kwam langs en zag ...', of 'ik heb meegeholpen met die steen, ik heb gezien hoe zijn lichaam werd gestolen', of 'ik zag een engel neerdalen die de rebbe wegriep uit het graf', of 'ik werd verblind door licht, maar ik hoorde wel zijn stem'. Menselijk gesproken is niemand dichter bij zijn opstanding geweest dan jij! Ik dank God voor jou en voor de ontmoeting met de opgestane die jou gegund is, en je eerlijke getuigenis daarvan: dat je dacht dat hij de tuinman was, de hovenier, en dat je Jezus pas herkende aan zijn stem, zoals hij je naam uitspraak.

De evangelist Johannes verhaalt ons dat: dat jij Jezus niet moest vasthouden (?), zoals hij zei, maar naar zijn broeders-en-zusters moest gaan en tot hen zeggen: 'ik klim op / naar mijn Vader en uw Vader, / mijn God en uw God!' Jij hebt toen aan de leerlingen verkondigd: 'ik heb de Heer gezien', en dat hij 'dit alles' tot je heeft gezegd. Meer vertellen de evangelisten niet over je verkondigende werk, je verdere leven, je sterven, je laatste rustplaats(en) en de vele kerken aan jouw gedachtenis gewijd. Over je geschiedenis vóór de paasgeschiedenis is de Heilige Schrift ook uiterst terughoudend. Uit jou zijn zeven demonen gedreven, door Jezus, en samen met enkele andere genezen vrouwen ben je hem op zijn wegen gevolgd, meldt Lucas. Jullie hebben hem gediend met wat jullie hadden: jullie hadden dus iets weg te geven, materieel of immaterieel, jij zult ook niet onbemiddeld geweest zijn. Maar meer weten we niet over jou. Hoeft ook niet: wat jij ons hebt laten weten over Jezus is voldoende.

Haar blij getuigenis
zet zich onstuitbaar voort,
dit ongelooflijk nieuws
wordt tot vandaag verwoord.

Ik heb wel met je te doen, Magdalena. Van zeven demonen heeft Jezus je bevrijd, maar de vrome traditie heeft vervolgens van zo'n zeven vrouwen er één gemaakt en die samen tot Maria Magdalena uitgeroepen. Ik bedoel het wonderlijke verschijnsel dat jou werd toegedicht, niet door de Schrift maar door de inleg, dat je onder tranen Jezus' voeten zou hebben gewassen, ze hebben afgedroogd met je haren (!) en ze hebben gezalfd met kostbare nardusolie. Dat zou je hebben gedaan omdat je 'een zondares' was, niet alleen, zoals wij allen, besmet met de erfzonde, maar meer dan wij allen zondigend met lichtheid van zeden. Het zou die demonische lichtheid zijn waarvan Jezus je verloste, zodat je als een reine ziel aan de voeten van Jezus kon zitten terwijl je zus Marta voor alles zorgde. Want een zus van Lazarus en Marta zou je ook geweest zijn. Jezus hield van Lazarus, wekte hem tot leven en zou met jou getrouwd zijn – zelfs dat is te horen! Niet dat het vleesgeworden Woord niet getrouwd geweest zou mógen zijn, maar waarom dan met jóú? Zelfs het zogenoemde evangelie van Maria Magdalena gaat niet verder dan te zeggen dat jij *koinonos* van Jezus was: 'metgezel' of 'gezellin'. De profeet Hosea moest als teken van God aan zijn gemeente een hoer als vrouw nemen; misschien heeft de christenheid als opnieuw dit teken van God het huwelijk van Jezus met een bekeerde hoer gecreëerd. Niet onzinnig, die gedachte, de christenheid als bruid van slechte komaf, maar waarom 'moest' die komaf jóú worden toegedicht? Zou het geweest zijn om de echte Magdalena op afstand te zetten? 'Zo'n hartstochtelijke volgelinge van Jezus móét wel een hoer geweest zijn.' De populariteit van de gedachte aan een vleselijk huwelijk van Jezus met jou vertrouw ik ook niet: in een wereld waarin seksuele onthouding geen deugd maar altijd een nood is, 'móét' het Licht der Wereld wel een vaste vriendin of echtgenote gehad hebben, en dat mag jij dan weer zijn! Zo burgerlijk!

Hef uw ogen, Magdalene,
voor u staat die dood was, Hij!
Waar heeft zulk een licht geschenen?
Zie zijn wonden en wees blij
om de glanzen die zij geven,
parels van het nieuwe leven.
Alleluja, zingen wij.

(Gerard Wijdeveld)

Laat ik het positiever duiden, dat 'onderbrengen' van andere – naamloze – vrouwen in jouw verhaal en die speculaties over jouw lijf en ziel (barokke schilderijen!): na de Maria uit wie Hij is geboren, en die dan ook wereldwijd geëerd wordt, ben jij de Maria geweest die vóór en na zijn Pasen heel dicht bij hem is gekomen en gebleven; dat móét de mensheid wel fascineren; je kunt het de mensen niet kwalijk nemen dat ze via jou proberen zich voor te stellen hoe 'leven met Jezus' nou is: jij hebt er weet van! Ook al willen we het wel, het is niet eenvoudig om te leven met hem die Licht uit Licht heet en die je, zeker op die bijzondere morgen, met de ogen laat knipperen, zo blinkend wit, zo verblindend lichtgevend.

Zou het dát zijn, dat de heiden die ik ben, de bezetene die ik ben, de gewone mens die ik ben, dat ik een beetje bang ben voor Jezus? Dat ik niet wil erkennen dat ik de rampzalige figuur (vrouw?, vogel?) links ben en de Meester nodig heb? Dat ik ook niet als die figuur rechts, jij, wil worden: zó gesluierd, zo toegewijd aan de goede tijding van Jezus-bij-God, zo koersvast de wereld in zonder nog 'van' de wereld te zijn? Ik betrap me aan het einde van dit schrijven erop dat ik het veel meer over jou heb dan over hem die geleden heeft en is opgestaan; maar het zal wel zijn omdat ik makkelijker met jou praat dan met hemzelf: hij kan zo streng zijn, en jij begrijpt me eerder. Zullen we het erop houden dat we samen houden van Hem en willen leven met Hem?

Armand Demeulemeester over
'Verschijning aan Maria Magdalena':

Bij de verrijzenis zelf waren er geen getuigen.

We bewaren daarom dit sublieme gebeuren in een eerbiedig stilzwijgen.

Christus verschijnt vanuit het Godsbestaan, geplaatst tegen een achtergrond van een geïdealiseerde tuin, de tuin van Eden, met een opgaande zon.

Maria Magdalena, berouwhebbende zondares, herkent haar Meester, en krijgt de eerste opdracht tot missionering. Zij staat voor de hoge horizon van een berglandschap waarin zij gaan zal met de boodschap:

'De Heer leeft!'

NAWOORD

Rabboeni, maak dat ik kan zien! (Mc 10,51)

De vraag van de blinde Bartimeüs aan Jezus. Onze vraag aan Jezus, die ons aanziet vanuit de verschillende staties van *De kruisweg van de stilte.*

Rabboeni, maak dat ik kan zien!

Twaalf staties lang meestappen op zijn kruisweg. De beelden hun werk laten doen, onze ogen laten openen. De neergeschreven impressies van twaalf verschillende stemmen laten spreken, ons hart laten raken. En in beeld en woord ons eigen levensverhaal meelezen met wat het meedraagt aan verbondenheid, doodsangst, verraad, verloochening, geweld, veroordeling, mededogen, ondersteuning, verdriet, troost, sterven, licht.

Rabboeni, maak dat ik kan zien!

Moge *De kruisweg van de stilte* die bede in ons aanscherpen in alle wederwaardigheden, die het leven brengt. Met een dankbaarheid die blijft uitgaan naar Armand Demeulemeester, die ons liet delen in wat hij zag. Evenzeer met dank aan de verschillende 'stemmen' – om hun eerlijk getuigenis en aan het Davidsfonds, aan Bruno Craps, om hun niet-aflatende betrokkenheid en zorg, die dit boek mogelijk maakten.

BIOGRAFISCHE NOTITIES

SABINE ALEXANDER (°Gent, 1956) is gehuwd en moeder van drie kinderen. Ze is kunstrecensente.

VEERLE DEBLAUWE (°Kortrijk, 1978) is gehuwd en moeder van een zoon, Chiel. Ze werkt halftijds als lerares godsdienst en combineert dat met de presentatie van *Jam*, het jeugdjournaal op VT4, en losse presentatieopdrachten.

JAN DE COCK (°Brecht, 1964) is ongehuwd. Hij is halftijds pastoraal medewerker van het Universitair Ziekenhuis in Edegem, halftijds vrijwilliger in gevangenissen in Antwerpen en wereldwijd en voorzitter van de vzw Within-Without-Walls (www. prisoninfo.org).

HERMAN DE DIJN (°Galmaarden, 1943) is gehuwd en vader van drie intussen afgestudeerde kinderen. Hij is emeritus hoogleraar aan het Hoger Instituut voor Wijsbegeerte (K.U.Leuven) en schrijver van cultuurfilosofische essays.

BART DEMYTTENAERE (°Kalemié, 1963) is gehuwd en vader van drie kinderen. Hij is auteur van beroep. Bart schrijft zowel fictie als non-fictie voor kinderen, jongeren en volwassenen.

PATRICK LATEUR (°Beveren-Leie, 1949) is gehuwd met Katleen Gysel en vader van Servaas, Soetkin en Hadewig. Hij publiceert dichtbundels, vertalingen en bloemlezingen. Hij is redacteur van *Kunsttijdschrift Vlaanderen*, lid van de Maatschappij der Nederlandse Letterkunde, en sinds 2005 lid van de Koninklijke Academie voor Nederlandse Taal- en Letterkunde.

TON LATHOUWERS (°Nijmegen, 1932) was van 1968 tot 1992 hoogleraar Russische letterkunde aan de Katholieke Universiteit Leuven, thans emeritus. Sinds 1986 is hij zenleraar.

HILDE MECHIELS-VAN HERP (°Mechelen, 1956) is gehuwd met Reinoud en moeder van één zoon, Johannes. In haar dagelijkse leven tracht ze, in bescheidenheid, door te geven wat zo vol liefde aan haar werd toevertrouwd.

PIETER OUSSOREN (°Ruwiel, 1943) is vooral in de stad Utrecht werkzaam geweest als protestants pastor en predikant. Van een van de twee nieuwe Nederlandse Bijbelvertalingen uit 2004, de 'Naardense Bijbel', is hij de hoofdvertaler.

PETER SCHMIDT (°1945) is priester van het bisdom Gent. Hij doceert aan de faculteit theologie van de Katholieke Universiteit Leuven en aan diverse andere instituten. Hij publiceert vooral over Bijbel, fundamentele theologie en religieuze kunst.

MANU VAN HECKE (°Sint-Laureins, 1951) studeerde filosofie en theologie in Kortrijk, Leuven en Brugge, was leraar godsdienst en filosofie. In 1981 is hij ingetreden in de Sint-Sixtusabdij in Westvleteren. Sinds 1996 is hij abt in die abdij.

HERMAN VAN ROMPUY (°Etterbeek, 1947) is gehuwd en vader van vier kinderen. Sinds 1982 is hij docent aan de Vlaamse Economische Hogeschool Brussel. In 2004 werd hij benoemd tot minister van staat. Sinds 1995 is hij CD&V-volksvertegenwoordiger en in 2007 werd hij aangesteld als voorzitter van de Kamer van Volksvertegenwoordigers. Eind 2008 werd Van Rompuy eerste minister.

WILLEM VERMANDERE (°1940) is gehuwd met Chris en vader van Els, Peter, Augustijn en Amalia. Hij is beeldhouwer, zanger, schrijver en schilder.